"探秘北京冬奥会"丛书编委会

主任
付晓辉　　孙　柱　　张　霞

副主任
汲传排　　高云超　　谢　军　　韩　雯

编委会成员
王　琨　　孙卫华　　刘　沛　　齐　欣
邹　奇　　周林清　　郝晓岑　　黄丽娜

（所有排名不分先后，按姓氏笔画排序）

 北京奥运城市发展促进会倾情呈现

北京奥运遗产漫画绘本

探秘北京冬奥会
探索科技

谢 军 / 总主编　左 伟 / 主编

赵 川 / 绘

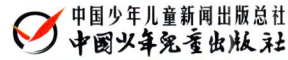

中国少年儿童新闻出版总社
中国少年儿童出版社
北京

大家还记得平昌2018年冬奥会闭幕式上,那充满浓浓科技感的《2022相约北京》8分钟文艺表演吗?以"人工智能"为代表的中国新科技元素惊艳亮相,也拉开了北京2022年冬奥会、冬残奥会"科技冬奥"的序幕。

科学技术的发展令冬奥会变得更加吸引人,高科技手段在奥运赛场上随处可见。如制冰技术、计分技术、节能环保技术……现在的冬奥会简直就是一个科技体育大舞台!

红袋鼠,北京2022年冬奥会赛场上新技术特别多!

火帽子,我们一起来一场北京2022年冬奥会科技之旅吧!

量身定做的"战衣"藏着哪些秘密？

北京2022年冬奥会、冬残奥会中国运动员的服装，全部采用我国拥有自主知识产权的新型保暖材料和减阻型面料，不仅集防风、防水、透气、耐磨等多功能高效保暖于一体，而且设计精美，科技感十足。

花样滑冰选手的美丽"战衣"

美

北京2022年冬奥会花样滑冰比赛服，每一件都是根据不同的音乐主题、舞蹈设计，按照中国运动员的身体尺寸、性格特点以及自身习惯定制。

高山滑雪竞速服

快

竞速类服装的材料是比普通纤维弹性强数十倍的橡胶材料，这样的材料可以减少运动员的体力消耗。双手及双腿处蜂窝样式的聚氨酯材料有利于减少空气阻力。

石墨烯智能发热服帮运动员抗寒，同时保证动作舒展。

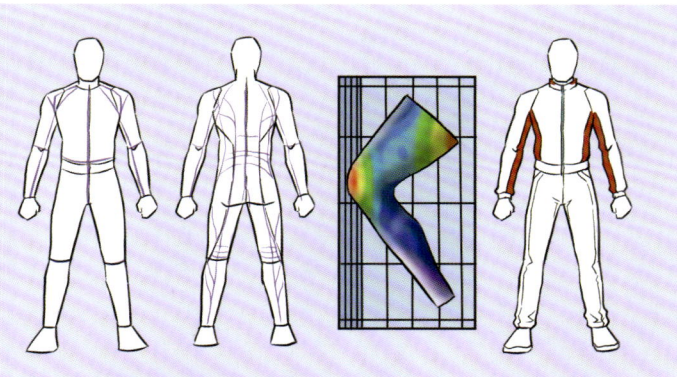

精确测量队员的人体数据

科研团队不仅为国家队全体队员进行三维扫描，搭建人体工学数据库，而且通过使用"数字图像采集技术"记录运动中皮肤变化的数据，为冬奥会比赛服的设计提供数据支撑。

内置传感器

高科技运动服上的内置传感器能感应和追踪肌肉纤维内部活动，通过应用程序报告各部分肌肉的运动状态，可以帮助运动员有针对性地提升训练水平。

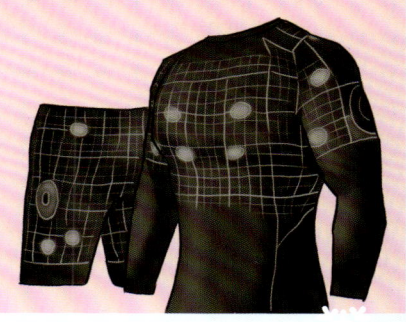

滑雪比赛如果不下雪怎么办？

　　冬奥会最令比赛组织者担心的就是天气的变化，因为很多比赛是雪上项目，如果比赛期间正好赶上雪量不足，那就无法保证比赛顺利进行了。

　　普莱西德湖1980年冬奥会的组织者想出了一个好办法，他们使用一种大型的特制"雪炮"进行人工造雪，这样一来，不管什么时候都能造出足量的雪，来保证比赛顺利进行了。

人工造雪机工作原理

-2℃气温
人造雪
冰晶
雾化水
空气
水

人工造雪机的工作原理简单来说，就是通过高压机器，迅速把大量的液态水降温雾化凝结成冰晶，就形成了我们看到的雪。要想有足够的雪，需要保证充足的水和适宜的温度。

冰面为什么这么光滑平整？

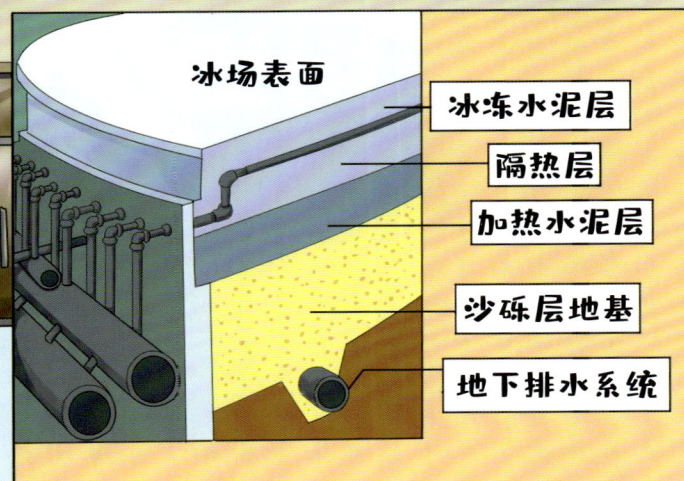

我们不妨把人工冰场看成一个敞开的、摊平的、放大的电冰箱。电冰箱制冷主要由压缩机、冷凝器、毛细管、蒸发器4个部分组成，其中的关键物质是制冷剂。北京2022年冬奥会采用了二氧化碳制冰技术，这项技术具有更好的制冷性能和环保特性，相比常规制冷剂可以提升能效30%，这项技术也是首次在冬奥会上应用。

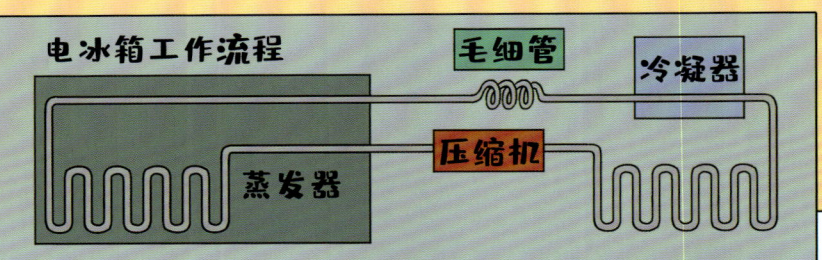

咦，这是什么车？为什么开过去之后，冰面这么光亮、平滑？

这是冰面维护车，车一驶过，冰刀划过的痕迹就没了。

人工冰场还需要日常维护，冰面维护车可以喷水，当水流到冰面上，经过冰面下的冷却循环系统作用，会与冰面融合在一起，等水冰冻之后再对冰层进行力压，冰面就会变得光滑平整了。

如何做到公平计时？

高水平顶级运动员的实力都难分上下，很多时候光凭裁判的眼睛，可能根本无法判断到底谁的速度更快！

啊？谁是冠军呀？

别担心，有光电子眼！

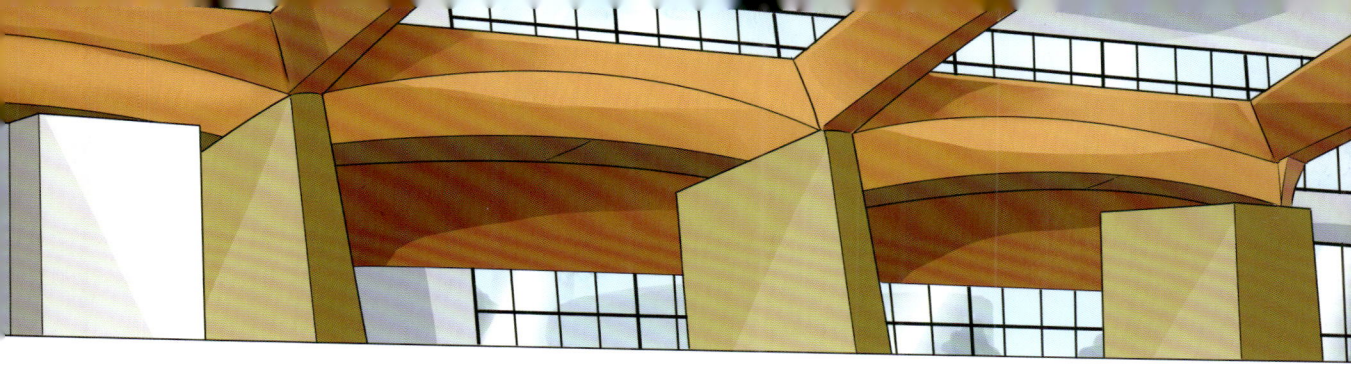

光感应终点摄影机

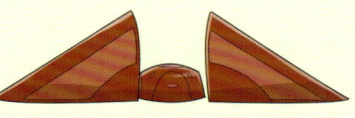

光电子眼设备

为了保证精准计时，电子发令枪和运动员身后的扬声器相连，确保声音和光并行工作，让不同跑道的运动员同时听到枪声，公平起跑。

终点线处的光电子眼设备在选手跨越终点线的瞬间，立刻停止计时。而光感应终点摄影机则以高清像素捕捉终点垂直线上的影像，终结了比赛结果存在争议的历史。

运动员身上有"追踪定位装置"?

短道速滑

男子 500 米

决赛

冬奥会每一位参赛者的双腿上都会绑定一对重量极轻且性能可靠的异频雷达收发机。

一旦出现选手跨越终点线时,冰鞋高于光电子眼的红外线光束的情况,裁判将依据异频雷达收发机的记录确定完赛时间与最终排名。在速度滑冰的比赛当中,计时的准确性能精确到千分之一秒呢。

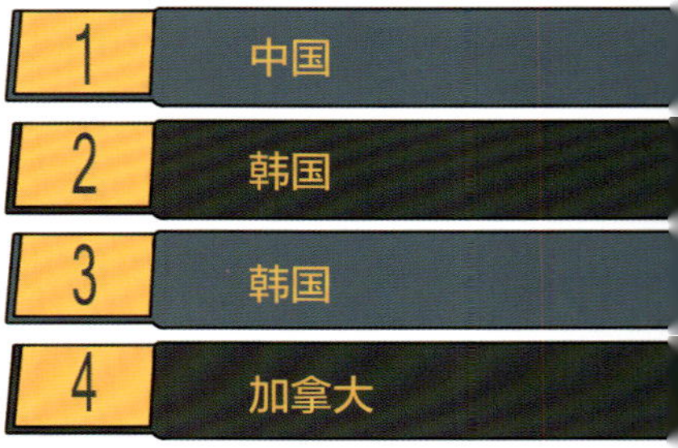

1	中国
2	韩国
3	韩国
4	加拿大

相比以往,这些仪器不仅能够记录下选手们行进的速度,同时还能提供加速度、重力的分析。在它们的帮助下,主办方还能追踪到选手们在赛道上的具体位置。

异频雷达收发机

这时候就需要看看计时器的记录啦。

谁是第二名和第三名呢?

平昌 2018 年冬奥会短道速滑男子 500 米决赛

选手		成绩
武大靖	世界纪录	39.584
黄大宪		39.854
林孝俊		39.919
吉拉尔德		39.987

赛场上的"第三只眼"是什么?

比赛时如果出现运动员对裁判的判罚有争议怎么办?观众如果想看到不一样的比赛过程怎么办?

鹰眼,也叫"即时回放系统",这个系统首先借助电脑的计算,把比赛场地内的立体空间分隔成以毫米计算的测量单位。然后,由安放在不同位置和角度的高清摄像机,全息捕捉目标物体轨迹的基本数据。这些基本数据会生成三维图像,只需10秒,"鹰眼"就能将物体在三维空间的动态轨迹和精确落点展现在大屏幕上。

啊,原来有人犯规了!

这是赛场上的"第三只眼",谁也逃不过厉害的"鹰眼"!

在高速运动中，如何才能更快？

在短道速滑比赛中，最后取得胜利的，大多是后面的跟滑者，而很少是前面的领滑者，这是为什么呢？短道速滑比赛的速度非常快，领滑者相当于为后面的跟滑者"劈开"了空气，给跟滑者提供了一个"屏风"。空气阻力降低后，跟滑者需要用的力气变小，为后面的冲刺保存了体力，时机一到就会突然发力，很可能一举超越领滑者。

冬奥会很多比赛项目都要研究空气阻力,阻力变小,速度才会更快。像雪车比赛,最重要的装备是雪车。雪车的车头都是流线型的,主要是为了最大限度地减小空气阻力。雪车的不断改进,让雪车比赛最高速度可以达到160千米/小时呢!

冬奥建筑有哪些"黑科技"？

场馆建设是办好冬奥会的基础，北京2022年冬奥会一共有12座比赛场馆，每一座比赛场馆的建设利用都体现了我国不断提升的科技创新能力。

智慧的"冰丝带"

国家速滑馆，又名"冰丝带"，是北京市赛区唯一新建的冰上项目比赛场馆，拥有亚洲最大的完整冰面，采用了世界上最先进的二氧化碳制冰技术，这一高科技可使冰面温度差不超过0.5摄氏度，而温差越小，冰面的硬度就越均匀，冰面就会越平滑，就越有利于运动员赛出好成绩。所以，这很可能是世界上"最快的冰"。

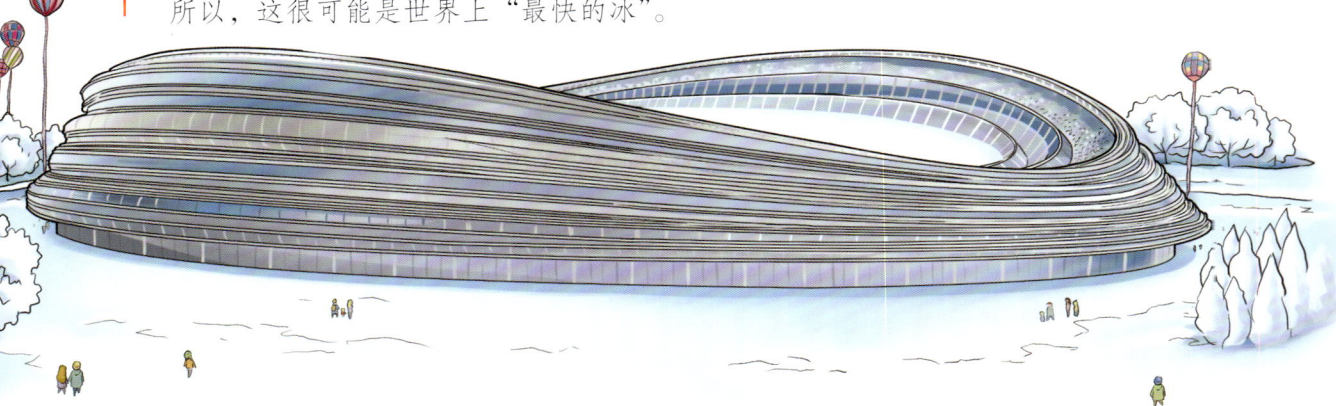

 国家速滑馆　　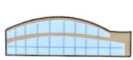 国家体育馆　　 首都体育馆

 国家游泳中心　　 五棵松体育中心　　首钢滑雪大跳台

腾飞的"雪游龙"

位于北京延庆赛区的国家雪车雪橇中心全长1975米，垂直落差超过121米，由16个角度、倾斜度都不同的弯道组成，俨然一条游龙展翼腾飞。它被认为是设计难度最高、施工难度最大、施工工艺最复杂的冬奥新建比赛场馆之一。

优美的"雪如意"

国家跳台滑雪中心，又名"雪如意"，坐落在河北张家口崇礼古杨树场馆群内，紧邻明长城遗址。"雪如意"将先进的科学技术运用到造雪、缆车、打蜡、照明、制冷、除湿、智能雪场等各个方面，以"不夺山景不夺生态""不破山形不破林貌"等极富中国山水文化内涵的美学原则，建成了世界上最长的跳台滑雪赛道。

其他奥运场馆有什么科技元素呢？扫一扫，看一看吧！

 国家雪车雪橇中心　　 国家跳台滑雪中心　　 云顶滑雪公园

 国家高山滑雪中心　　 国家越野滑雪中心　　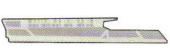 国家冬季两项中心

"奥运专列"如何体现人性化？

京张高速铁路是世界上第一条采用北斗卫星导航系统的智能高铁。这条实现自动驾驶的"奥运专列"处处体现智能化，列车自身携带了 2700 余个传感器，可对车体振动、声光环境等变化进行实时监测及故障预测，保障列车的运行安全。

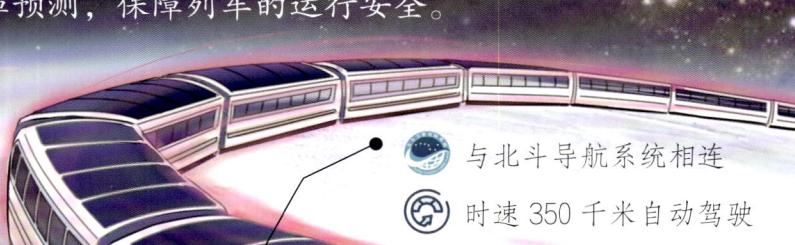

 与北斗导航系统相连

时速 350 千米自动驾驶

红袋鼠，北京冬奥会三个赛区我都想去看看，怎么去呀？

别着急，高速、便捷的"奥运专列"来喽！

 智能显示屏

存放滑雪板

覆盖全车的 WiFi 系统

固定残疾人轮椅装置

自动灯光调节系统

在动力损失一半的情况下可顺利启动爬坡

减震降噪技术再提升

冬奥会如何实现绿色、低碳、环保?

北京冬奥会、冬残奥会的奥运场馆将实现100%全清洁电力供应,冰上项目采用低碳、环保的二氧化碳制冰技术。

绿色、节能的冬奥场馆

张北的风能、太阳能发电资源十分丰富,是"风的故乡、光的海洋"。张北柔直工程把张家口地区的风能、太阳能等清洁能源转变成稳定的绿色电力输送到京津冀地区,助力北京冬奥场馆实现奥运史上首次100%清洁能源供电,每年节约标准煤490万吨,减排二氧化碳1280万吨。

> 用张北的风点亮北京的灯!

环保、低碳的制冰技术

国家速滑馆采用二氧化碳制冰技术，每年仅制冷部分就能节省200多万度电。

不仅如此，制冰产生的废热还能用于除湿、冰面维护、场馆生活热水等能源需求。

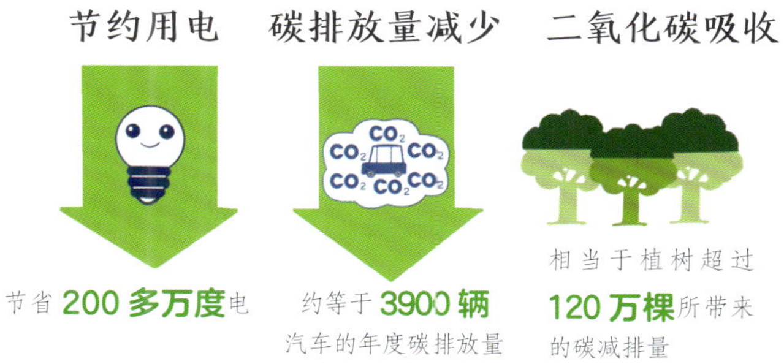

节约用电

节省 **200多万度**电

碳排放量减少

约等于 **3900辆** 汽车的年度碳排放量

二氧化碳吸收

相当于植树超过 **120万棵** 所带来的碳减排量

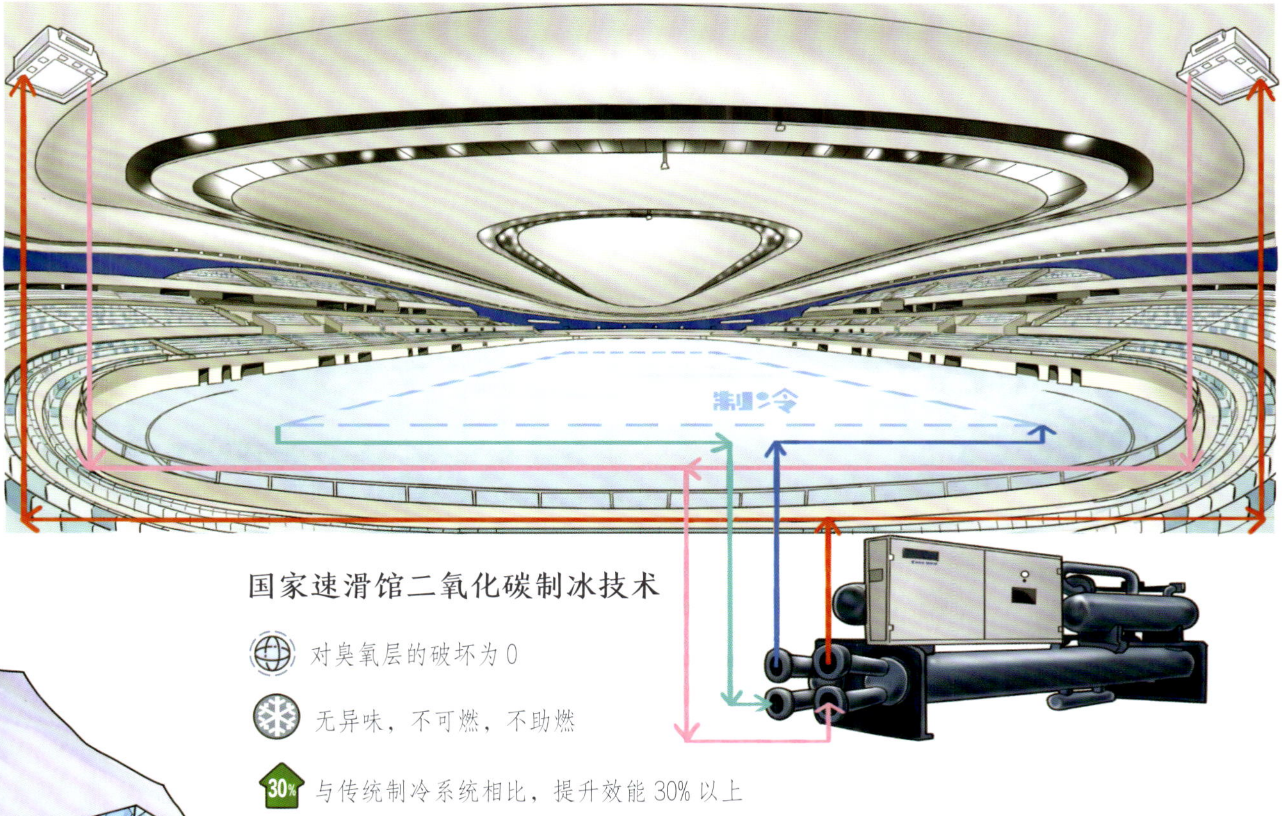

国家速滑馆二氧化碳制冰技术

- 对臭氧层的破坏为0
- 无异味，不可燃，不助燃
- 与传统制冷系统相比，提升效能30%以上

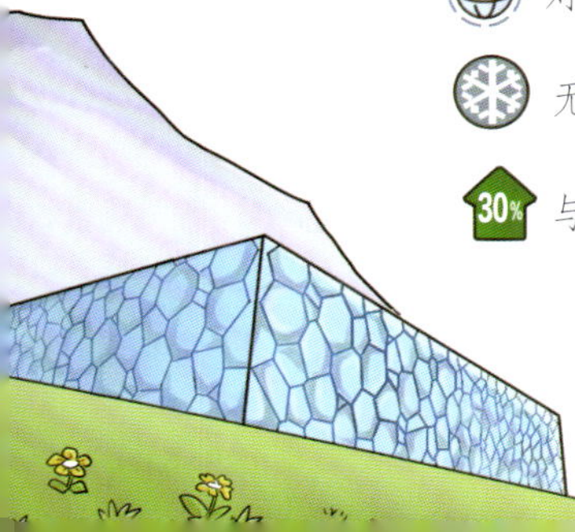

冬奥会上有未来的清洁能源?

氢能是未来清洁、绿色的可用能源之一,具有"零排放"的显著环保特点。北京2022年冬奥会、冬残奥会将促进氢生产和氢能核心技术的应用,真正实现"绿色冬奥"在行动!

- **"飞扬"火炬科技"心"**

北京冬奥会、冬残奥会火炬的"内心"蕴含着十足的科技力量。"飞扬"火炬采用氢作为燃料,燃烧时的碳排放量为零。

- **清洁环保的新能源车**

张家口氢能源站

氢能源客车

"无塑"冬奥会 生物可降解餐具

北京冬奥会把绿色发展理念深入到方方面面，生物可降解餐具将进入北京冬奥会。这些可降解餐具，经过微生物参与，将变成水和二氧化碳，通过光合作用又重新回到自然界中。

绿色、零碳、环保的氢能源车辆将成为冬奥会的主角，承担便捷接驳、运动员服务等各类赛事保障任务。

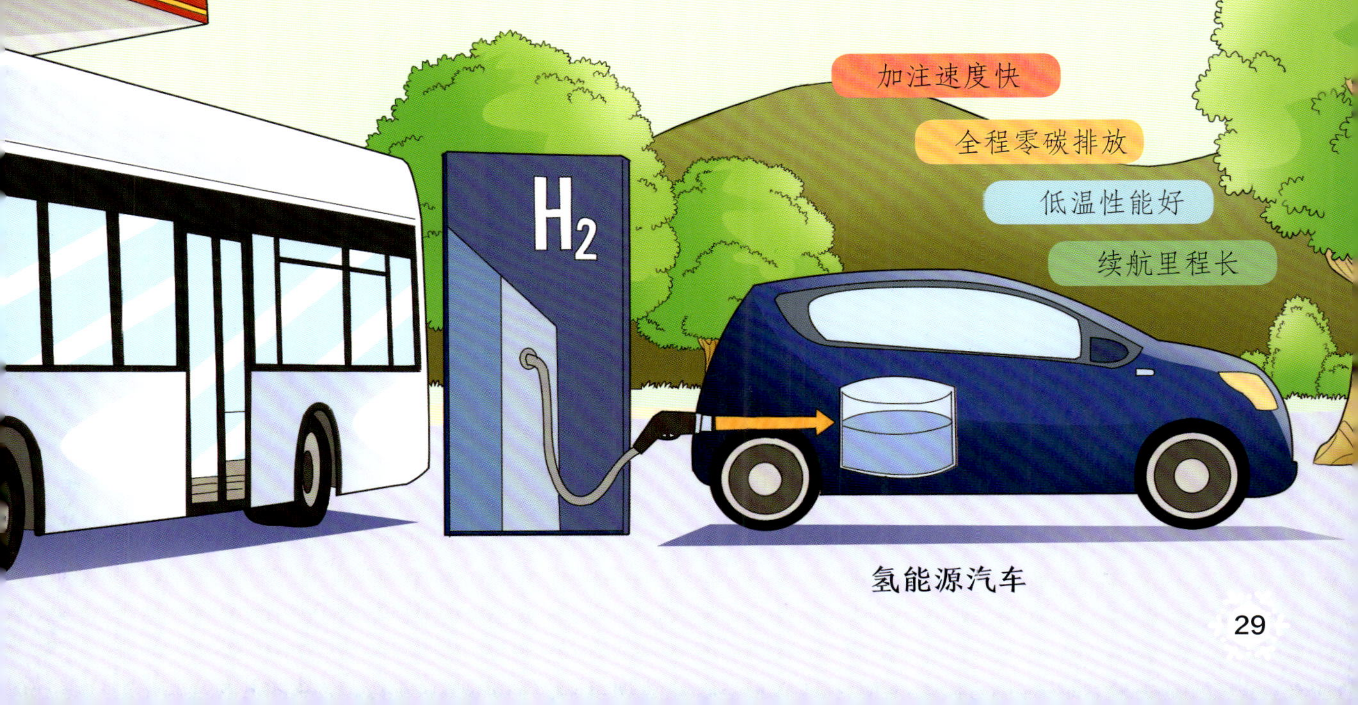

- 加注速度快
- 全程零碳排放
- 低温性能好
- 续航里程长

氢能源汽车

人工智能会提供哪些服务?

无人驾驶巡检车

无人驾驶巡检车不仅可以对人员进行人脸识别、身份确认,还能对周围环境进行感知分析,一旦发现火情、有毒气体泄漏、人员受伤等突发事件,便立刻"报警"。

无人驾驶汽车

无人驾驶汽车能全面分析实时路况,根据现实情况做出变速、避让、刹停等反应。

无人驾驶售货车

招手即停的无人驾驶售货车可以售卖饮料、零食……

首钢园区内的自动驾驶系统

首钢工业园将建成以自动无人驾驶为主的智能园区。无人驾驶车的规模有1000辆左右,可以满足运动员和观众的需求,未来新型的交通系统就是这样的配置!

无人驾驶清扫车

无人驾驶清扫车会把地上的落叶和尘土一扫而净。

服务型机器人

除了首钢工业园区内的自动无人驾驶车,在北京冬奥会、冬残奥会上,你还可以在入住公寓时、需要翻译时、需要点菜送餐时、需要查询路线时……召唤人工智能机器人为你服务!

运动员的助理教练

人工智能还可以作为运动员的"助理教练",通过识别运动员训练和比赛视频的运动动作,给出智能化建议。

怎样感受奥运场馆的方便快捷?

火帽子,在北京冬奥会的场馆内,我找不到路该怎么办?

红袋鼠,别担心,北京冬奥会场馆中有各种智能服务!

3D 立体寻路自助确认座位

 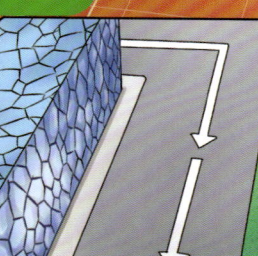 

奥运场馆"刷脸"通行

北京冬奥会期间,每位观众将有一张人脸识别的"通行证",只要"刷下脸"就能在奥运场馆自由通行。

人工智能的"志愿者服务"

人工智能将调控交通情况,最大限度提高车辆通行速度,并且,在紧急情况发生时,还能调控红绿灯,为救护车等应急车辆开辟绿色通道。

智能无人驾驶公交车

比赛场馆中,观众只要打开手机,通过系统下达指令,智能公交车就能感知到用车需求,在站点停车载客。

无人机送货

在奥运村、奥运场馆,各种无人机会为你的生活、训练、观赛、安全提供各种服务。

优质放心直饮水

在北京冬奥会奥运村和奥运场馆里,喝到的水都是优质安全的直饮水。

33

如何全方位收看冬奥比赛？

北京冬奥会、冬残奥会将开启"智能观赛"模式，即使不在现场，也能"身临其境"观看比赛！

坐在家里，舒适享受 8K 高清直播

北京 2022 年冬奥会、冬残奥会，高清观赛的方式将不局限于客厅电视，在手机、平板电脑等各种移动终端都可以随时随地体验到 8K 高清直播。

通过 5G 网络，可看到现场观众分享的精彩和喜悦

无人机等带来全新视角

搭载着高清摄像头的无人机，既可以紧贴着运动员的身影低空飞行捕捉高清视角，也可以让屏幕前的观众便捷快速地把整个赛事过程中的冰雪美景尽收眼底。

有了 5G 网络，现场观众拍下的精彩画面可以轻松传播出去，实现场外、场内实时互动。

VR 带来的观赛体验

最棒的是戴上 VR 眼镜，你会感到仿佛来到冬奥会比赛现场！

比如，你可以走近自由式滑雪空中技巧比赛的赛道旁，目睹运动员从起点起跳，到完成全套动作的过程：着陆时双腿与雪面垂直，大小腿之间夹角175°并保持平衡……这些动作细节会一一展现在你面前，带来沉浸式的观赛体验。

赛后,"奥运遗产"如何利用?

举办冬奥会,无论是应用先进科技,还是采取先进理念,根本目的都是为了让人们的生活更美好!

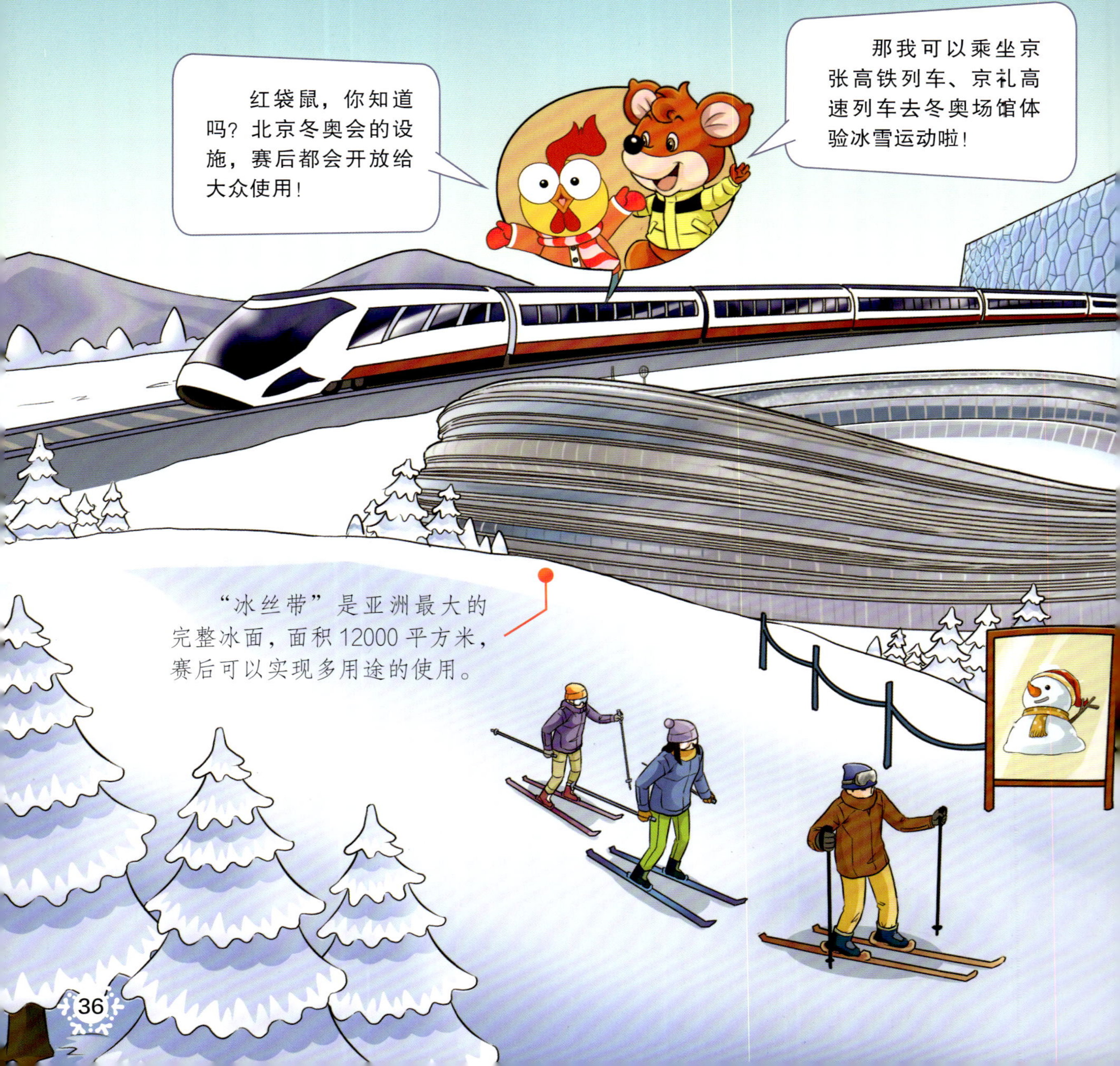

红袋鼠,你知道吗?北京冬奥会的设施,赛后都会开放给大众使用!

那我可以乘坐京张高铁列车、京礼高速列车去冬奥场馆体验冰雪运动啦!

"冰丝带"是亚洲最大的完整冰面,面积12000平方米,赛后可以实现多用途的使用。

北京冬奥会与奥运遗产

奥运遗产你问我答

奥运会除了在比赛期间能给我们带来精彩的赛事、感动的故事外,还会给我们留下宝贵的奥运遗产。

什么是奥运遗产?

奥运遗产就是在申办、筹办和举办奥运会的过程中产生的有助于奥林匹克运动的普及、促进城市发展和造福大众的有形和无形财富的总和。

奥运遗产有哪些?

从遗产形态的角度,可分为有形遗产和无形遗产。

从宏观的角度,可分为物质遗产和精神遗产。

从微观的角度,可分为体育遗产、社会遗产、文化遗产、经济遗产、环境遗产、城市遗产等。

北京 2008 年奥运会形成了哪些重要的物质遗产?

奥运场馆及设施 国家体育场(鸟巢)、国家游泳中心(水立方)、国家网球中心、国家会议中心及奥林匹克森林公园等。

奥运标志及实物 北京奥运会会徽、吉祥物、火炬、奖牌、体育图标等。

奥运科技成果 国家体育场(鸟巢)钢结构设计、国家游泳中心(水立方)膜结构建设、数字高清电视转播技术、奥运火炬低温低氧燃烧技术等项目。

北京2008年奥运会形成了哪些重要的精神遗产？

三大理念 绿色奥运、科技奥运、人文奥运

北京奥运精神

志愿服务精神

助残扶残社会风尚

……

北京2022年冬奥会遗产分为哪7类？

体育遗产、经济遗产、社会遗产、文化遗产、环境遗产、城市发展遗产、区域发展遗产。

什么是"双奥遗产"？

北京是迄今为止世界上第1个既举办了夏奥会，又办冬奥会的城市，被称为"双奥城市"。举办夏奥会和冬奥会形成的丰富的奥运遗产，被称为"双奥遗产"。

北京2022年冬奥会将会形成哪些重要的遗产？

绿色办奥，共享办奥，开放办奥，廉洁办奥的办奥理念；带动三亿人参与冰雪运动；京张体育文化旅游带……

京张高速铁路、国家速滑馆、国家高山滑雪中心、国家雪车雪橇中心、国家越野滑雪中心、国家冬季两项中心等。

北京奥运城市发展促进会以"传承奥运遗产，促进城市发展"为宗旨，弘扬奥林匹克精神，传承北京夏奥会和冬奥会形成的"双奥遗产"，促进北京及京津冀区域可持续发展。

北京奥运城市发展促进会
http://www.beijing2008.cn/

图书在版编目（CIP）数据

探秘北京冬奥会·探索科技 / 谢军总主编；左伟主编；赵川绘. -- 北京：中国少年儿童出版社，2021.10
ISBN 978-7-5148-6709-1

Ⅰ. ①探… Ⅱ. ①谢… ②左… ③赵… Ⅲ. ①冬季奥运会－北京－少儿读物 Ⅳ. ①G811.212-49

中国版本图书馆CIP数据核字(2021)第066792号

TANMI BEIJING DONGAOHUI
TANSUO KEJI

出版发行：	中国少年儿童新闻出版总社 中国少年儿童出版社
出 版 人：	孙　柱
执行出版人：	张晓楠

责任编辑：柯　超　王志宏　齐　菁	责任校对：王　燕
美术编辑：朱莉荟	助理校对：曹云飞
封面设计：朱莉荟	责任印务：李　洋

社　　址：北京市朝阳区建国门外大街丙12号	邮政编码：100022
编 辑 部：010-57526809	总编室：010-57526070
客 服 部：010-57526258	官方网址：www.ccppg.cn

印刷：三河市中晟雅豪印务有限公司

开本：787mm×900mm　1/16	印张：2.5
版次：2021年10月第1版	印次：2021年10月河北第1次印刷
字数：50千字	印数：10000册
ISBN 978-7-5148-6709-1	定价：25.00元

图书出版质量投诉电话010-57526069，电子邮箱：cbzlts@ccppg.com.cn